Este libro le pertenece a:

_____

Este libro está dedicado a mis hijos – Mikey, Kobe, y Jojo.

Copyright © 2022 Grow Grit Press LLC. Todos los derechos reservados. Ninguna parte de este libro puede ser reproducida en ninguna forma sin el permiso por escrito de la editorial. Por favor, envie solicitudes de pedido al por mayor a growgritpress@gmail.com 978-1-63731-386-2 Impreso y encuadernado en los Estados Unidos. NinjaLifeHacks.tv

Ninja Life Hacks™

El Ninja Gracioso

Por Mary Nhin

Contar chistes es fácil una vez que entiendes los diferentes tipos y los practicas.

Hay 3 tipos de chistes diferentes que me gusta contar:

Preguntas y respuestas
Los de Toc, Toc
Acertijos

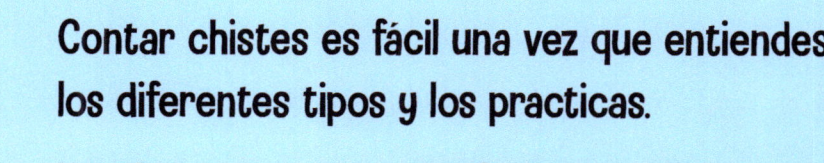

Los chistes de toc-toc son los más fáciles de recordar. Estos son algunos:

Toc, toc

¿Quién es?

Pido.

Pido, ¿quién?

Pido a Santa una bicicleta nueva.

Toc, toc

¿Quién es?

Llito.

¿Quién es Llito?

Pues, pollito.

Toc, toc
¿Quién es?
Feliz.
¿Feliz quién?
¡Feliz Navidad!

¡Feliz Navidad!

Toc, toc
¿Quién es?
Radio.
¿Radio quién?
¡Enciende la radio y baila conmigo!

Toc, toc
¿Quién es?
Barbie.
¿Barbie quien?
Barbie Q.

Toc, toc
¿Quién es?
Johnny.
¿Qué Johnny?
Yo ni sé.

Toc, toc

¿Quién es?

Dona.

¿Dona quien?

Dona pregunta dónde está el tesoro. Es un secreto.

¿Quién es?

Señor.

¿Señor que?

Sorpresa. Tengo un regalo para ti.

Toc, toc

¿Quién es?

Helado.

¿Helado quién?

¡Ay que ver el lado bueno de las cosas!

Toc, toc

¿Quién es?

Tuma.

¿Tuma qué?

¡Tu mamá!

Toc, toc

¿Quién es?

Llena.

¿Llena qué?

Por favor, llena mi bolsa con dulces.

Toc, toc

¿Quién es?

Chiquito.

¿Chiquito qué?

¡Soy chiquito pero picoso!

Luego, hay acertijos. ¡Los acertijos son divertidos! Aquí hay algunos:

¡Y eso es todo! Ahora, es tu turno. Termina esta broma.

¿Cuál es el baile favorito del tomate?

_____

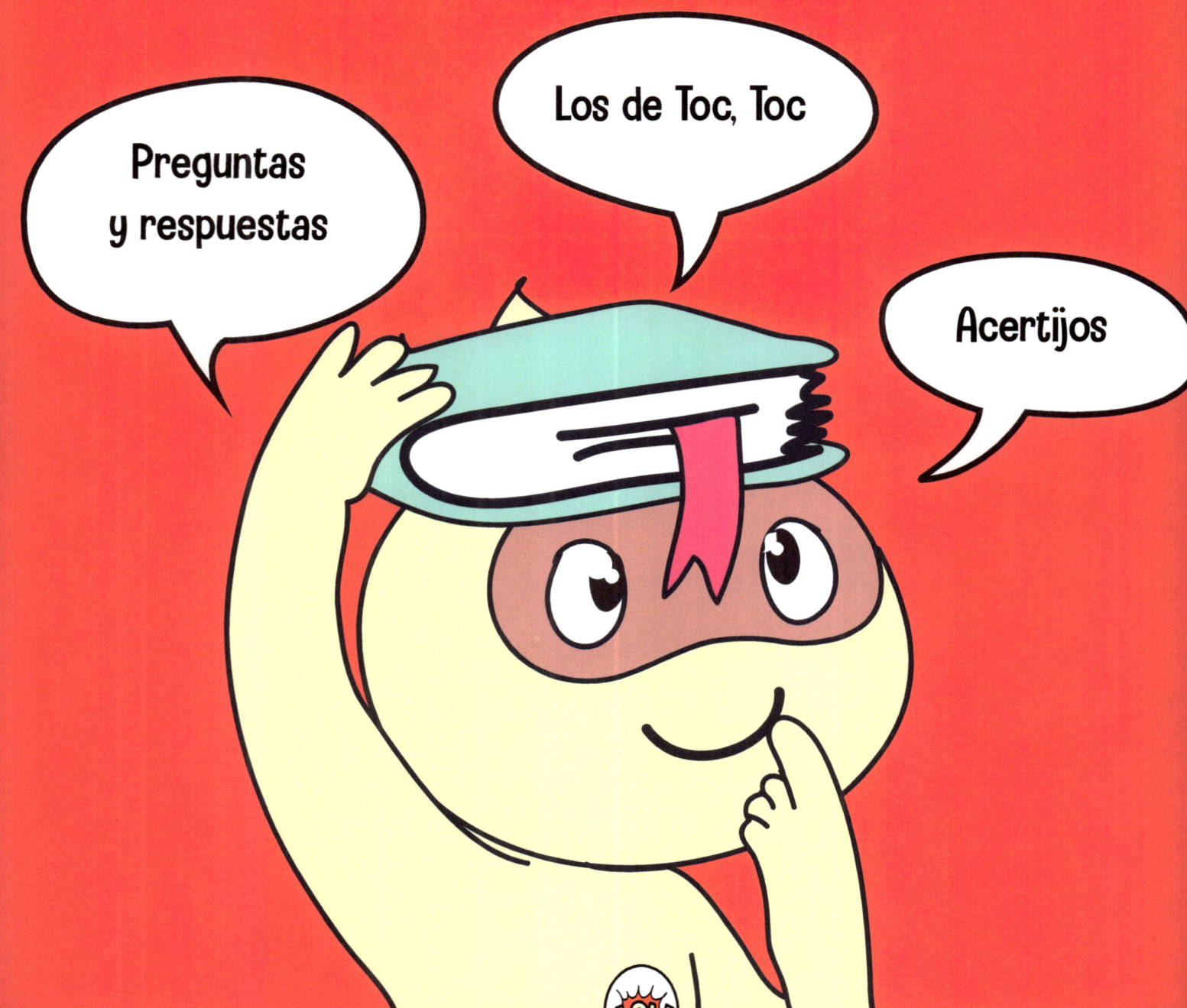

¡Visita ninjalifehacks.tv para obtener imprimibles divertidos gratis!

@marynhin   @officialninjalifehacks
#NinjaLifeHacks

Mary Nhin   Ninja Life Hacks

Ninja Life Hacks

@officialninjalifehacks

Toc, toc
¿Quién es?
Amo.
¿Amo a quién??
¡Pues no sé, dime tú!

Toc, toc
¿Quién es?
¡Soy el amor de tu vida!
Imposible.
El chocolate no habla.

Toc, toc
¿Quién es?
Tomás.
¿Qué Tomás?
Agua, por favor.

Toc, toc
¿Quién es?
Salud.
¿Salud qué??
¡Yo no estornudé!

Toc, toc
¿Quién es?
Nobel.
Nobel, ¿quién??
Nobel... ¡por eso llamé!

Toc, toc
¿Quién es?
La vaca que interrumpe.
¿Qué vaca que interr...?
¡Muuuuu!

Ja Ja Ja

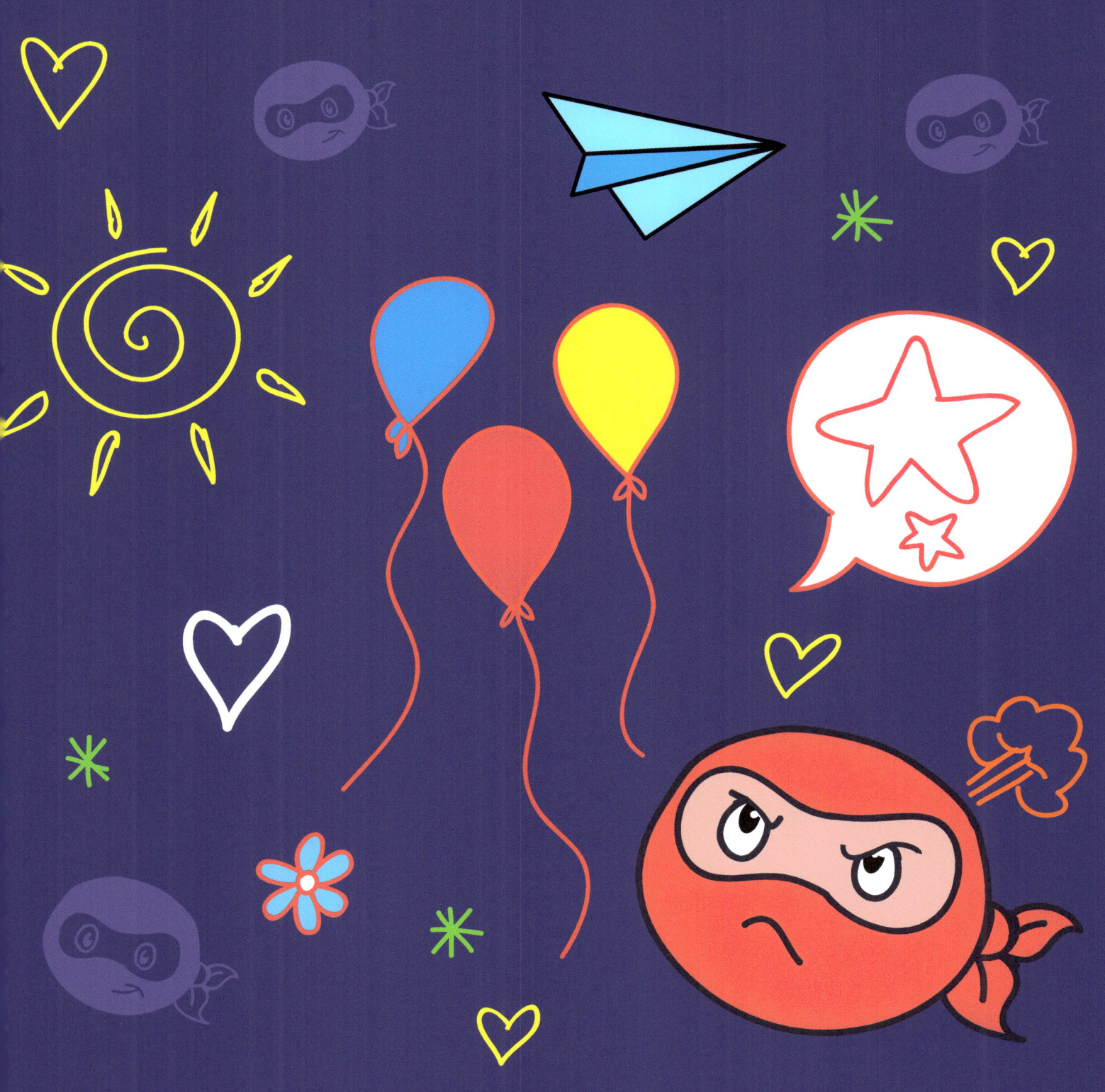